साँसों के प्राचीन ग्रामोफोन सरीखे इस बाजे पर

(कविता-संग्रह)

ज्ञान गरिमा के
72 वर्ष

भारतीय
ज्ञानपीठ

णाणं
पयासयं
वीर नि.सं.
2470
ई.सन्
1944
भारतीय ज्ञानपीठ

साँसों के प्राचीन ग्रामोफोन सरीखे इस बाजे पर

शिरीष कुमार मौर्य

भारतीय ज्ञानपीठ

लोकोदय ग्रन्थमाला : ग्रन्थांक 1307

ISBN 978-93-263-5567-4

साँसों के प्राचीन ग्रामोफोन सरीखे इस बाजे पर

(कविता-संग्रह)

शिरीष कुमार मौर्य

प्रकाशक : **भारतीय ज्ञानपीठ**

18, इन्स्टीट्यूशनल एरिया, लोदी रोड, नयी दिल्ली-110 003

मुद्रक : विकास कम्प्यूटर्स ऐंड प्रिन्टर्स, दिल्ली-32

आवरण-चित्र : लीलाधर मंडलोई

आवरण-सज्जा : चन्द्रकान्त शर्मा

SANSON KE PRACHIN GRAMOPHONE SARIKHE
IS BAJE PAR
(Kavita-Sangrah)
by Shirish Kumar Mourya

Published by
Bharatiya Jnanpith
18, Institutional Area, Lodi Road, New Delhi-110 003
Ph. : 011-24698417, 24626467; 23241619 (Daryaganj)
Mob. : 9350536020; e-mail : bjnanpith@gmail.com
sales@jnanpith.net; website : www.jnanpith.net

First Edition : 2017
Price : Rs. 160

पिता डॉ. हरि मौर्य

व

पुत्र गौतम के लिये

अनुक्रम

एक बिखरा हुआ, टूटता-सा आलाप, प्रलाप है जो

(बसें गिर जाती हैं पहाड़ों से/लील जाती हैं नदियाँ
उन्हें भी/जिनकी वे प्रिय थीं)

मृतकों का संसार बढ़ता जा रहा है
उसे और बढ़ाने कुछ लोग आ रहे हैं तेज़ क़दम
कुछ को ठेल ही दिया गया है इस ओर
कुछ को गिरा दिया गया है पहाड़ से
कुछ को नदी में धकेल दिया गया है
कोई हारा हुआ खुद ही कूद पड़ा है किसी सुविख्यात बतायी गयी झील में

मृतकों का टोला गाँव के दक्षिण में है
पूरब में नदी है जो बहती उत्तर से है पूरब को काटती भर है
उत्तर में जब मृतक रवाना होते हैं रास्ते की ज़रूरी रसद लिये
तो भाबर में दिशाहीन हो जाते हैं
छिन जाता है सामान
वे पश्चिम को बढ़ जाते हैं

उधर को छूटती बसों में
रेलों में
अकसर सुनाई देता है हाहाकार
जबकि मृतक
किसी की सीट नहीं घेरते

मैं देखता हूँ मसाण को साधे
अपने आगे
जलाये अखंड आग
दिल्ली जाते हुए मृतक
दिल्ली से आते हुए मृतक
रोज़-रोज़ की यह भागमभाग

मृतक जो भटकते घूमते रहे भीतर
मेरे साथ बैठते हैं
काँपते रहते हैं वे बाहर के शीत के सताये
अपने हाथ सेंकते
आग और तेज़ करने की गुज़ारिश करते हैं

अभी उस आग में कुछ जला था
अभी उस आग में कुछ जलेगा

अकालमृत्यु मर गये मेरे मेहनतकश गरीब लोगों का मसाण है यह
ऐसे ही सधेगा

जो डरते हैं वे मृतकों से ही नहीं
कविता से भी डरें
जिसमें डेरा है कुछ अन्तिम आवाज़ों का
गूढ़ जैसे बुदबुदाती हो चिता
ठेठ जैसे ऐंठ जाता है जिस्म उस आग में
बदलने करवट कोई आखिरी

वहाँ मन्त्र नहीं उचारे जाते
अश्रुओं से पखारे जाते हैं पग अपने ही
धवल हृदय होता है
रक्त से धुलने के बाद

पाठको चाहो कभी
तो चलना संग मेरे इन मृतकों के पास

जबकि ईश्वर नहीं है जीवन के बाद जीवन भी नहीं ही है
सब टोले इन्हीं के हैं अब
स्मृतियों में रहवास मृतकों का
दुनिया में भरम की तरह छाये
हमारे आवासों को परखता रहता है
दिन-रात।

धुन्ध से बोझिल एक सुबह, रात-भर जागे हुए का प्रलाप

लाला ओ गुल की कहानियों में ज़िन्दगी गुम है
मिरी आदत है लाल कर देना लाल पड़ जाना

चोटों के बारे में मैंने कुछ कविताएँ लिखी हैं
उनसे जीवन-भर साबुत बने रहने का छूँछा दावा करनेवालों के
अहंकार को चोट लगी है
उन्हें खरोंच तक पसन्द नहीं अपने या अपनी कविता के शरीर पर
इधर मैं लगातार चोट करता हूँ
खूबसूरत-सी लगनेवाली हर घृणित ताबीर पर

वे आएँ और मेरी तस्वीर पर कुछ फूल
चढ़ा दें
लाल कपड़े में लिपटी चलती-फिरती देह पर श्रद्ध ांजलियों का
एक पूरा सिलसिला ही आगे बढ़ा दें

कहना होगा
कि मुझे चोटें जीवन में लगती हैं कविता में नहीं
संक्रमित हो जायें
तो कविता में आकर विचार के तेज़धार नश्तर से
मैं उन पर चीरा भर लगाता हूँ
शायद यही वजह है कि कुछ लोगों को ज़्यादा लाल नज़र आता हूँ

उनकी हसरत कि फूलों की तरह तोड़ें मुझको
मिरे किरदार में शामिल है मगर गड़ जाना।

अति की बारिश का प्रलाप

बरसो रे बादलो
गरज रहे दिनों से
अब बरसो

सँभाल ली जितनी सँभल सकती थी देह
बरसो मूसलाधार

कल चढ़ते पानी में ढह ही पड़ेंगे रस्ते
तो कर लूँगा कुछ देर इन्तज़ार

पहुँचना तब भी था
पहुँचना अब भी है

भूस्खलन के एक तरफ मेरा बिछौना है
दूसरी तरफ़ नींद और अन्तिम आराम।

घृणा का प्रलाप

घृणा करना ज़रूरी है
कि जीवन में चली आती हैं ऐसी चीज़ें
ऐसे लोग
ऐसे निर्मम हत्यारे विचार

इधर तो मेरे क़त्ल को कला में बदलती हुई संरचनाएँ भी हैं
अनेक*

घृणा कर पाने के लिये एक शै
ज़रूरी है
प्यार जिसे कहते रहे पुरखे
ज़माने-भर की मार के बीच भी
कराह-कराह

टटोलता रहता हूँ दिन-रात
वह मेरी देह में
किधर कितना है

घृणा करते रहने के बीच ही कहीं
उसे
मेरा बचा हुआ जीवन भी तो
रचना है।

---

* वे हत्या को भी कला में बदल देते हैं (रामसिंह-वीरेन डंगवाल)

अधूरेपन का प्रलाप

मेरा अधूरा बहुत-कुछ मुझमें है अभी
बाहर निकले तो पता चल जाता है अधूरा है
पूरा करने की ज़रूरत नहीं उसे
अधूरा ही रहा चला आता है

उधर कई अधूरे मिलकर
एक पूरे की देखभाल करते हैं
उसका नाम लेकर चलते हैं
काटते हैं उसके पूरेपन को भीतर से
काटने को दीमक की तरह काटते हैं कहने में
लजा जाता हूँ
मेरा पूरा मृत होने को है
उसे कुछ अधूरों की निगाह में बनाये रखने की ज़रूरत है

उनके बीच अगर वह
कुछ अधूरापन महसूस कर पाया
जी जाएगा
पूरा का पूरा ही बना रहा
तो मुझ धारण करने वालों को ही नाम धराएगा।

ग़लत से सही हो जाने का प्रलाप

कवि को लगा
कुछ रिश्ते मन में लगी फफूँद जैसे होते हैं
दिल की उमस उन्हें क़ायम रखती है
दिल के इलाक़े में कभी सूखा नहीं पड़ता
उधर साफ़-सफ़ाई का भी मन नहीं करता

ग़लत बिम्ब में फँसे कवि को
अन्ततः उसके मनुष्य ने दिखाई राह—
'दिल जिसे कहते हो
वह हमारे पुराने पड़ते मकान की
सीली हुई
कभी न खुलनेवाली कोठरी है
दीमक के खाये उसके किवाड़ों की दरारों से
कभी-कभार एक हल्की रोशनी झरती है
उधर एक स्त्री
इबादत कर रही है वर्षों से लगभग बिलखती हुई-सी
वह कहीं नहीं दिख रहे
चन्द रिश्तों की ख़ैर माँग रही है'

आशा की धुआँती पीली-सी लौ जलाये
यक़ीनन वह एक स्त्री ही है
जिसे हम जैसे कमज़र्फ़ कवि
अपने बिम्बों में मन की फफूँद समझ बैठते हैं

क्रूर और गलत रूपकों में रहते हुए
हमें अब बिम्बों की नहीं
अपने पिछवाड़े एक जबरदस्त लात की जरूरत है।

कौवों के प्रेम का प्रलाप

कौवे भी प्रेम करते हैं
बदहवास
आकाश में मँडराते पुकारते साथी को
उनके स्वर की कर्कशता
हम मनुष्यों के कान की सीमा है

कोई उनका मिलन देख नहीं पाता
कबूतरों का मिलन देख लिया जाता है मुँडेरों पर
विकल आवाज़ों के सिलसिले
पंखों के बदलते सुघर सुन्दर रूपाकार
वह कोमल कामकला बहुधा सराही जाती है

चोंच में मरा चूहा दबाये
कौवे को देखा मैंने
चारदीवारी पर बैठी
अपनी प्रेयसी के लिये वह भेंट लाया था

आह, प्रेम में गहरे तक धँसा
दुर्धर्ष हृदय वह काले से उजला हुआ जाता

क्रूरता के अनोखे साधक ये कौवे हमारे
धरती के जमादार
मढ़ दिया गया बहुत कुछ उनके सिर

इतने मक्कार वे नहीं
प्रकृति के निकटस्थ इस निरीक्षण में
बहुत दिनों तक तो पता ही नहीं लगा

फिर एक दिन हम अचानक चौंक पड़े
कौवों का प्रणय था वह साधारण
घोंसले में
तब यह कोयल कहाँ से आयी

धोखा जहाँ भी था
जहाँ से भी था
कौवों ने निभाया उसे भी

देखा हमने निभाया जाता
एक प्रेम समूचा
असल का हिस्सा खा जाने को भी आतुर
दिन-भर की वह
कंठ भर-भर की जाती चूँ-चूँ
एक दिन
बदल गयी विषाद से पंचम में

कौवे मँडराते रहे हमारे ऊपर

सदा ही बहुत कुछ निभाना है उन्हें
उस स्थायी धोखे समेत
जो प्रेमपगा अपवाद पद-भर है।

मृतात्मा का प्रलाप

चरखे की कूक सुन
पहाड़ों से उतरे कुछ दिन को
फिर पहाड़ों पर जा बैठे
जोगी
जा मैंने मरा मान लिया तुझको
कहा किसी ने
मैंने सुन लिया

उसने कहा
मानकर दिखा दिया

मृतक की तरह रहते हुए मैंने
जीवन को बहुत दूर और बहुत निकट से पढ़ना सीखा

किसी के लिये कोई मरा समान हो सकता है
पर देखा मैंने
मरा मान लेने से अहाते की घास तक नहीं मरती

तारों-भरी रात में
निपटी अकेली
जब फफकती है धरती
सुबह नित के दु:खों जैसी हरियायी मिलती है।

कविता में जगहों और जगहों में कविता का प्रलाप

मेरे लिये
कविता में जगहें लोगों की तरह हैं

इस तरह कहें तो
दिल्ली–भोपाल
बनारस–इलाहाबाद
लखनऊ–जयपुर
शिमला–नैनीताल ही नहीं
छिंदवाड़ा, नकोदर, जम्मू और पिथौरागढ़ भी है कविता में
जगह की तरह नहीं
मनुष्य की तरह

इधर कमबख़्त दौर यह
मनुष्यों को भी
जगह की तरह बरतने का है।

सूर्यनमस्कार का प्रलाप

ॐ मित्राय नम:
मैं कहता हूँ मित्र कैसे हो
क्यों जल रहे इतना आजकल अपनी ही आग में
पीठ पर धौल जमाते हो तुम
लगते हैं झकोरे लू के
लपट-सी लौंकती है कनपटियों पर

ॐ आदित्याय नम:
हाथ जोड़े जनता फँसी है अभी आज्ञाचक्र में
वो करते हैं अश्वसंचालनासन
हम अश्व हुए जाते हैं
उनके हाथ चली जाती हैं हमारी वल्गाएँ

जनता को मनुष्य से घोड़े में बदल देना सत्ताओं की पुरानी ख़्वाहिश रही है
जनता में जो चतुर हैं तुरत कर जाते चतुरदंडासन
दोहराते हैं बार-बार

आदित्यस्य नमस्कारं ये कुर्वन्ति दिने दिने वे हुए जाते लाड़ले
सदा दीखते बहुत ऊँचे कलंकित माथे उनके

ॐ हिरण्यगर्भाय नम:
स्वर्ण जैसे मनुष्यों से भरी है धरा
उधर महज़ आग है जिधर चला जाना है प्रणाम

उधर से प्रकाश आता है
इधर भर ली जाती हैं तिजोरियाँ
छँटता नहीं अन्धकार

ॐ मरीचये नमः
अरे ओ छलिया सूरज हम लानत भेजते हैं तुझे
कि तेरे चमकने पर भी अब क़ब्ज़ा है
सत्ताधारियों का

जनता की ओर पीठ किये वर्ष-भर से चल रहे, उत्तानासन के बाद
स्वाधिष्ठानचक्र में बस रही
गाजे-बाजे के साथ हमारे ही चुने प्रतिनिधियों की सत्ता करती है भुजंगासन
सुनते हैं सभी
उसके नथुनों से छूटती विकट फुँफकार

इधर अनन्तचक्र में फँसे
सूर्य नहीं सत्ताभुजंग के समक्ष प्रणामासन करते खड़े हैं मेरे जन
चहुँओर उनके उच्छ्वास आग से भरे
उमस के बीच कहीं पनप रहे कुछ बीज
मिट्टी के बहुत भीतर
मरदूदो
उन्हें नमस्कार नहीं, थोड़े प्रकाश की आवश्यकता है

नसीब से सजे नसीब से मिले इस देश में
हमारे नसीब में है बस वही
प्राणांतक
अन्धियारी कारा

देख रहे हम
पश्चिम नहीं, विचार के सुदूर दक्खिन को

विशुद्धि चक्र का मारा
खारे समुन्दर में
डूब रहा प्रिय भास्कर हमारा।

एक मृतक का प्रलाप

मुझे हत्याओं के विरोध में बोलना था
मैं गर्मी के विरोध में बोल रहा हूँ

बोलना था कि जलाकर मार दिया
उत्तम प्रदेश में मन्त्री मनुष्य को जला रहे हैं
हम ज़िम्मेदारी धूप और लू पर डाल रहे हैं

बोलना था कि कम करो कुछ झूट बोलना अरे कमबख़्तो शर्म करो
बोला मैं झूट नहीं बोलता

मौसम-भर बदल जाए
इस नयी-नयी इच्छा के बीच कहीं फँस गया था दुनिया बदलने का सपना
पुरातन

समझा जीवन के बीच से बोलता हुआ खुद को
पर मेरी आवाज़ आती है जैसे मरने के बाद टेपरिकॉर्डर से सुनी जा रही हो
कोई रिकॉर्डिंग भर्राती

दो मिनट के मौन के बारे में
आप खुद सोच लें।

दूर–पास का प्रलाप

निकट से लगता है सब सही
दूर से पता चलती हैं ग़लतियाँ

निकट में हम भूल–ग़लतियों के साथ रहे आते हैं
खुद को दूर से निहारना खुद को सुधारना भी होता है
फिर पास आकर कुछ बुहारना भी होता है

जीवन को भीतर से जीना
और बाहर से देखना पड़ता है

जब मृत्यु मुकुट की तरह सजी हो माथे पर
वह अकेला है
जो तलुवों में गड़ता है।

मृत्यु के सुख-दुःख का प्रलाप

हम जैसों को मृत्यु जब आएगी
शोर नहीं मचाएगी

अफ़सोस बस इतना होगा
कि अपनी वजहों से अपने लिये मरे
मृत्यु से नहीं
जीवन से डरे

सुख यह
कि अपने जन पीछे छूट गये जीवन में ही
जी सकने की मेहनत में खटते
हर मृत्यु से बचते
दुनिया को रचते

मृत्यु के बाद के किसी जादू में
हम दुखी रहेंगे
कि अपने जनों की तरह
एक मेहनतकश जीवन के लिये बच न सके
कुछ भी तो
        रच न सके।

प्रलापों के पक्ष में एक प्रलाप

मुझे पानी में रखा गया था
पर मैं अपने साथ
झुलसाती हुई एक आग लाया

मुझे आँधी में रखा गया था
मैंने कभी कोई हरा पत्ता नहीं गिराया

अनाचारों के बीच गायी गयीं
कितनी लोरियाँ
सिर पर कितनी छद्म कोमल थपकियाँ
हत्यारे हाथों की

पर सोया नहीं
सुबह तक हर अँधेरा जागकर बिताया

मैंने ही जगाये जिन्नात सारे
साँसों के प्राचीन ग्रामोफोन सरीखे इस बाजे पर रात-अधरात
अकसर मालकौंस बजाया

मुक्तिबोध के भैरव को पूजा
गाँधी-प्रतिमा पर बैठे घुग्घुओं को उड़ाया

मुझे विलापों में रखा गया था
मैं उठा
और प्रलापों में भाग आया।

कविता में कला का प्रलाप

महाजनो
कविता में मेरी पसन्द जिसे आप कलाहीन मानते हैं
दरअसल बहुत कलावान है

अजब कलावन्त मैं
अपने इस लगभग कवि-जीवन के समकाल में
अशोक वाजपेयी की क़लम नहीं
वीरेन डंगवाल की चारख़ानेदार पुरानी
घिसी हुई कमीज़ लेना पसन्द करूँगा
अठहत्तर-अस्सी के ज़माने की

सुनो
इससे ज़्यादा कलावान होने का प्रमाण देना
मैं ज़रूरी नहीं समझता।

घर–वापसी का प्रलाप

लोग घर वापस जा रहे हैं
वे घर नहीं जानते वापसी नहीं जानते
कहीं चले जाना
उनके लिये भूख के सामने रख दिया गया काग़ज़ का एक टुकड़ा है
उस पर मिलने न मिलनेवाला
कुछ किलो अनाज लिखा है

घर रहा कहाँ
गर्दो–ग़ुबार में सदियों से नहीं दिखा घर
घर को दीमकों ने खा लिया
घर का नाम भी ग़लत है
परम्परा में कोई घर कभी था ही नहीं
उस नाम का
सैकड़ों बरस पहले आये परदेसियों ने
वह नाम दिया
जिससे ख़ारिज हैं अब उन परदेसियों के अहवाल

एक झूट से दूसरे झूट में लौट रहे हैं लोग
कुएँ निकलकर खाई में गिर रहे हैं
कहते हैं कुछ लोग घर लौट रहे हैं
हाँ, लौटता है भेड़ों का रेवड़ भी शरण्य की लालसा में
घर ही लौटता है

भूखे सियारों से बचने की ख़ातिर वे लौटती हैं
तेज़धार भारी गँडासे तले

बेज़ुबान कुछ मनुष्यों के रेवड़
घर-वापसी कर रहे हैं

वे पहले भी मर रहे थे अब भी मर रहे हैं।

उड़ान का प्रलाप

कबूतरों का एक झुंड उड़ा
वे भूख से उड़े
खतरे को भाँप उड़े
उड़े कि बचे रहें
उनकी उड़ान में शामिल थे लोग

ज़मीन पर चलना भी एक उड़ान थी
उड़ता चला जाता एक बच्चा
चाय से भरे कई-कई गिलास थामे
बाइक पर एक जोड़ा
ऑटोवाला सवारी खोज में शहर के मुख्य मार्गों की ओर उड़ा जाता था

कुछ साइकिलें उड़ती हुई गुज़री थीं
लेबर चौराहे की ओर

जाने किधर तो उड़ी जाती थीं चन्द लड़कियाँ
उनकी परस्पर ठिठोली भी एक उड़ान ही थी घर से बाहर

अतिवयस्क वार्ता करता छोकरों का समूह
टहलता हुआ भी उड़ता हुआ-सा लगा

कवि को देखनी थीं अनन्त उड़ानें
वह खड़ा रहा ठगा-सा

चल पाने तक में असमर्थ उसका हृदय
उड़ता था हर ओर

खूब था उजाला कहने को
पर कहीं नहीं थी भोर

अधूरी उड़ानें अभी उड़ने के स्वप्न में हैं
और निरीह मासूम पक्षियों से विहीन आकाश
एक खतरनाक जगह है

वहाँ लगातार उड़ते हैं हत्यारे वायुयान
गुप्तचर विमान
बमों से लैस
उससे भी ऊपर निर्वात में महाबलियों के अंतरिक्ष-यान
उड़ने के अनगिन नवजात स्वप्नों को मसल देते हैं

इस बिलबिलाते समकाल में
मसला उड़ने का नहीं
उड़ते हुए चन्द लोगों द्वारा उड़ने की कोशिश करनेवालों के
कोमल अशक्त पंखों को
मसल दिये जाने का है।

रात का प्रलाप

ढलते–ढलते
पसीज जाती है रात इन दिनों
अनसुना रह जाता उसका विलाप
दिखाई देते सुबह अश्रुकण
दूब की महीन पत्तियों पर

दूब जो एक महान आख्यान है विकट शीत के ज़माने का

रात–भर का बौखलाया कवि निकलता बाहर
सुबह के उत्सव में सोचता रात को मनुष्यता के विरुद्ध रूपक तो बना दिया गया
जबकि लड़ने की सभी तैयारियाँ होनी थीं वहीं
दिन के चमकीले अन्धकार में पाता कि वह प्रकृति का अँधेरा था
किंचित सुकून था उसमें
पर उसके ढलने की कामना करते मनुष्य
बाहर निकलते ही खुद उजाले में पाते
ख़ामोश एक कहीं बड़े अन्धकार में खो जाते

रातों के सिसकते विलाप
दिन में क्रूर अट्टहासों के बीच गुम होते हुए छोड़ जाते
हर चेहरे पर कुछ मानवीय उजास

हमने हमेशा अँधेरों को पहचानने में भूल की
उससे भी ज़्यादा अपने सवेरों को पहचानने में भूल की

अब क्या भूल की
वह भी भूलते जा रहे हैं हम।

नीले पड़ जाने का प्रलाप

रंग सब भले ही हैं जब तक महज़ रंग हैं वो
विचार हैं तो सोचना पड़ेगा

धमनियाँ साफ़ लाल लाती हैं
शिराएँ गन्दा नीला ले जाती हैं
यह रक्त के अलावा
मानुषमन में कुछ और छानने साफ़ करने की
बात भी है

और मनुष्यता का जो हाल है
लगता है कुछ भी छनना
अब बन्द हो जाएगा
रक्त नीला होगा तब नीयत और तबीयत भी नीली होगी

मनुष्य कुछ और गिरकर भी जी लेगा
नीले होकर अब भी जी ही रहे हैं कुछ लोग
लाल और सफ़ेद को निगलते हुए।

मुक्ति का पुनरुक्ति प्रलाप

एक स्त्री ने कहा था चिढ़कर जाओ मैं तुम्हें मुक्त करती हूँ
एक ने विवश होकर
एक ने कुछ दयालु होकर

यों मुझसे कुछ स्त्रियों ने कहा जाओ हम तुम्हें मुक्त करते हैं

ये मुक्तियाँ थीं
जिनमें कहीं खीझ कहीं विवशता और कहीं दया का अक्षम्य भाव था

आज अपने सामाजिक एकान्त में
मैं कह रहा हूँ एक स्त्री से बिना उसे बताये
ओ मेरी प्यारी तू मुक्त ही थी सदा से
बन्धन तेरे अपने गढ़े हुए भरम थे
उन्हें भी तोड़ता हूँ
जानता हूँ उनका टूटना तुझे दुःख देगा

बाहर कुछ नहीं
भीतर सब कुछ

सुन मैं न चिढ़ता हूँ न विवश अनुभव करता हूँ कभी खुद को
मैंने जीवन के गझिन अँधेरों में भी अपना पथ आलोकित पाया है
दया मेरे लिये नहीं है
वह प्रेम है

तू मुक्त है सदा के लिये मैं बँधा हुआ
सब कुछ भीतर
बाहर कुछ नहीं

वो जो देखा था चलते कभी बहुत पहले एक नौजवान को
सधे और तेज़ क़दम
उसमें बहुत कुछ न देखना भी था तेरा
बाहर कुछ नहीं
सब कुछ भीतर

अनदेखा ही अब भी
वह चलता है कुछ लड़खड़ाता
कहीं नहीं सहारों के बीच
वह किसी के सहारे चलता दीखता है

पर
सब कुछ भीतर
बाहर कुछ नहीं

जीवन सभी का पुनरुक्तियों से बना है
सुन
सुन तू मुक्त है सदा से

सुन
पुनरुक्ति
सबमें दोष नहीं होती
कभी वह प्रकाश भी होती है।

पेशावर कोकरीझार प्रलाप

कहाँ रहता हूँ मैं ?
पेशावर का महज़ नाम सुना है
कोकरीझार का भी

मैं कहाँ रहता हूँ ?
पेशावर और कोकरीझार में नहीं रहता
मुझे सुखी रहना चाहिए
बन्दूकें नहीं तनी हैं मुझ पर
मेरा बेटा भविष्य के सपने देखता है बेखटके
पत्नी प्यार और कलह
दोनों ही निभाती है एक-से समर्पण भाव में
वह संस्कारी पत्नी है
खुश रहना चाहिए मुझे

चाय नाश्ता खाना सजा हुआ मिलता है
मुँह के आगे
तनख़्वाह दो-चार दिन आगे-पीछे ही सही चली जाती है
खाते में

दुखी रहना मेरी आदत हो गयी है
मैं आदतन दुखी और क्रोधित हूँ ऐसा जानकारों का मानना है
मेरा दुनिया में इस तरह हो रहना एक मान्यता-भर बनके रह गया है

एक मान्यताप्राप्त संस्थान में मान्यताप्राप्त नौकरी करते हुए
मान्यताप्राप्त छात्रों को पढ़ाना
और मान्यताप्राप्त जीवन में मान्यताप्राप्त परिवार के बीच चले आना

दो-चार लोगों में बैठते ही मान्य हो जाना
ये कुछ लानतनुमा अलामतें हैं
मेरा होना सम्बद्ध ताओं के बीच है, सम्बन्धों के बीच की जगहें

अब ख़ाली हैं

और मैं दो जगहों के नाम सुनता हूँ बौखलाता बर्राता हुआ-सा
लगता है मुझे कोई दंश दे सकने वाला कीट होना चाहिए था
पता नहीं कैसी आम तौर पर न सुनी जा सकने वाली
ध्वनियाँ निकलती हैं मेरे गले से
कि अचानक कई तरह के कीट मेरे सिर पर उड़ने लगते हैं

बच्चे मार दिये गये थे कहीं उन जगहों पर जिनका नाम भर सुना है मैंने
और मैं पागल हुआ जाता हूँ
इन क़त्लों के ब्यौरे देने लायक़ साहस नहीं मेरे पास

पागल हो जाने भर मनुष्यता ज़रूर कहीं बची है
उसी के सहारे हूँ
मेरा इलाज तो हो रहा है पर रोग को पूरी मान्यता अभी मिलना बाक़ी है

मैं पेशावर और कोकरीझार में नहीं रहता
उस जगह रहता हूँ
जो कल बदल सकती है ऐसी ही किसी जगह में

डरता नहीं हूँ
इसे मेरी एक मानवीय भूल मान लिया जाए
चलिये मेरे पागलपन को भी अब
मान्य किया जाए

बच्चों को मार सकने वाली कायरता धारे
अरे ओ अनाम मरदूदो
तुम
हाँ, तुम हो, जो पेशावर और कोकरीझार में रहते हो

मैं सहता हूँ तुम्हारा बोझ अपने पटपटाते हृदय पर
वहाँ न रहते हुए भी।

अकेले आदमी का प्रलाप

कविता न थी स्वप्न में
जीवन था

वह खड़ी थी सुबह ठीक आठ बजे
मेरे लिये उच्च रक्तचाप की दवाई लेकर

मुझे दवाई खाकर कुछ देर बाद काम पर चले जाना था
मेरे चले जाने के बाद
चुपचाप वह भी खाती थी वही दवाई
यह मैंने बहुत दिन बाद जाना
जब डॉक्टर ने बताया

एक आदमी इस तरह भी असफल हो सकता है
मनुष्यता हर क़दम पर पड़ताल माँगती है

मैं नींद में था
अब जागने पर दवाई खाना नहीं
उसके साथ खूब बातें करते हुए घूमने जाना चाहता हूँ
पर कुछ दिन अकेला हूँ

रोज़ सुबह आठ बजे उसकी भीगी हुई आवाज़ आती है
मैं हाथ बढ़ा देता हूँ
उधर जहाँ फिलहाल वह नहीं है

कोई नहीं जानता
बहुत दूर तक जाता है मेरा बढ़ा हुआ हाथ
अपने लिये कुछ जीवन माँग लाता है
मेरे बहुत पास प्रेम है मेरा।

जूठा-मीठा प्रलाप

जब भी मिलते साथी बचपन के
हम बैठ जाते संग-साथ
खाते एक ही थाली में
अँगुलियाँ भी चाटते रहते

दादी कहतीं—जूठा-मीठा मत खाया करो लड़को
हम लड़के कहाँ मानते
एक ही थाली में खाने की बात मुहावरा नहीं जीवन थी उन दिनों

पूछा था दादी से—
जूठे के साथ मीठा लगाकर क्यों बोलते हैं
जूठा क्यों नहीं बोलते
जबकि वही भर तो बोलना चाहते हैं

दादी कहतीं—तुम साथ क्यों खाते हो
जूठा खाते हो उसमें संग-साथ होने की मिठास मिलती है न

हमने अपने पुरखों से सीखा यह शब्द व्यवहार
जो भाषा धड़कती है हमारे भीतर
उसमें भी कितना कुछ जूठा-मीठा है
चले आते शब्द बहुत नाजुक किसी और भाषा से
हमारी भाषा को जूठा
और उतना ही मीठा करते

दादी यह भी कहतीं—
सुग्गे जूठा कर देते हैं जिन्हें वो फल सबसे मीठे होते हैं

अरे मेरे संगियो
अबे छोकरो

ये कहाँ किधर उड़े रे हम अलग-अलग
झुंड हमारा बिखर गया
हलक़ को भरपूर चीर रही खटास
एक-दूसरे की उड़ान में शामिल नहीं हैं हम

सुनो
कभी एक ही फल पर चोंच मारते मिलें
कुछ जवान सुग्गे
उन्हें उड़ाना मत
पुराने दिनों के नाम
एक कुतरा हुआ आँवला खाकर पानी पी लेना

देखो रे बुढ़ा रहे सुग्गो
अपनी समूची हसरतों के साथ देखो
हमारे बच्चे अब
भरपूर फड़फड़ा रहे पाँखें

अपनी ही किसी गनगनाती याद में जाकर सोचो
इस जूठे-मीठे संसार में आखिर कब ढँकी रह सकती हैं
जवान हो रही काँखें।

एक ऐतिहासिक मृत्यु का प्रलाप

कुछ मृत्यु हत्या होती हैं

हत्या मृत्यु के साथ और मृत्यु श्रद्धांजलि के पश्चात
समाप्त मान ली जाती है
श्रद्धांजलियों में अकसर एक भावभीनी श्रद्धांजलि
हत्यारे की भी होती है।

जबकि हत्या जारी रहती है
मृत्यु होना बना रहता है।

ओबामा की भारत–यात्रा पर एक आशंकित प्रलाप

बड़े साहब चले गये
छोड़ गये दाद–खाज करनेवाली याद

उम्मीद नहीं छोड़ रहा पर किसी रेडियोधर्मी रिसाव की
लानत सरीखी आशंका भी इस 'पुण्य राष्ट्र' के हतभागी आमजनों में रहेगी।

मिथाइल आइसोसाइनाइट और हाइड्रोजन साइनाइट वाली दाद के निशान
अब भी बाकी हैं
घावोंवाले शरीर अब नहीं हैं
सपाट भाषा में कहें तो घाव देनेवाला भी अपने स्वर्गीय आवास में है
पर वह प्यादा भर था, घाव देने का विचार यहीं है...

घावों की स्मृति हमेशा के लिये है और उस अपमान की भी

घावों की स्मृति होने से अच्छा है, उनकी आशंका होना, जो सावधान करती है

अरे ओ दुनिया चलानेवालो
मरदूदो
जिनके मन में आशंकाएँ छोड़ते जाते हो
उन्हें आश्वस्त करने का तर्क और तथ्यपूर्ण जतन भी करो
कभी उनकी रज़ा भी पूछो

इधर लोग जीवन को खुजाना नहीं
उसे मानवीय गरिमा के साथ जी लेना भर चाहते हैं।

पीढ़ी-प्रलाप

कुछ दिन पहले लगायी थी
मेरा बेटा चाहता है कि अहाते की वह दूब जल्दी से हरी-भरी हो जाए
खूब फैल जाए
वह अभी 12 बरस का है।

मैं जानता हूँ
अभी कुहरा है, पाला है, शीत है
बसन्त आएगा
फिर ताप बढ़ेगा
लगातार सींचना पड़ेगा

यह अहाता
मई तक हरा होकर लहलहाएगा
उन्हीं दिनों बेटा भी 13 का हो जाएगा।

मैं 41 का हूँ।

प्राकृतिक प्रलाप

मेरे हृदय का रंग बुरूँश वाला है

जब पेड़ एक उम्र गुज़ार लेते हैं उनकी छाल के जैसा गहरा भूरा
और उस पर किसी चीज़ के स्याह साये के बादवाला रंग शरीर का

ये साये चेहरे पर सबसे पहले पड़ते हैं
दिमाग़ दूब की तरह कभी मुरझाता
कभी उमगता है
सभी दिशाओं में अपनी बारीक जड़ें फैलाये घूमता
अपनी मिट्टी को भरपूर जकड़ता है
बना रहता है संकट काल में भी कुछ हरा
भले ही दूर कहीं जन्मते, पनपते और पलते हैं
कुछ लोग अब भी
लगातार सूखते कंठ को पानी की तरह मिलते हैं।

2015 के पहले दिन एक सूचना
प्रौद्योगिक प्रलाप

ब्लॉग पर पोस्ट लगाने में विलम्ब हो रहा है
—मैं आजकल अहाते में दूब लगा रहा हूँ।

फेसबुक अब कुछ देर तक रहनेवाला अवलोकन है
और स्टेटस एक ज़रूरी लगनेवाला हस्तक्षेप।

कुछ शाम पढ़ने-लिखने में जाती है, कुछ आँगन में परिवार के साथ बैठ आग जलाने-तापने में।
लकड़ी के टूटने की आवाज़ बताती है उसका कच्चा या पक्कापन
इंसान के टूटने की आवाज़ें भी यही बताती हैं पर उन्हें सुन पाना लकड़ी तोड़ने से सीखा है

नींबू की चाय प्रिय पेय है इन दिनों।
सहयोगी माली से मिली बीड़ी एक वरदान।

छुट्टी के बीच चल रहे कुछ असल कामों के कारण थक जाने से आयी नींद
इस क़दर चमकती है
कि पलकें खुद ब खुद मुँद जाती हैं।

मुँदती आँखों और आती नींद के बीच यह आज का पहला और अन्तिम प्रलाप है।

जानता हूँ यह सब कुछ दिनों का सुख है।
आगे फरवरी खड़ी है और काम-काज का पूरा साल।

दिन ढले का प्रलाप

मैं ढूँढता ही रह गया जाने किधर गया
दिन मिला है मुझको जब दिन गुज़र गया।

उत्तर का प्रलाप

न छत्तीस में हूँ न उत्तर में हूँ
मध्य में धोखा हुआ

अखंड उत्तर में रहने लगा
मुझे इस शीत में भी
अपने जनों के संग-साथ रहने की गर्मी मिलती है

किसी लकदक मंच पर बोलने जाने से अच्छा है
किसी गोठ में बैलों को लूटे* से उतारी हुई
सूखी घास खिलाऊँ

साहित्य की कार बाद में ले लूँगा
पहले पंचर सुधारने लायक मैकेनिक बन जाऊँ।

---

* गढ़वाली शब्द—अर्थ : शीत के दिनों के लिये पेड़ों पर बाँध दिया गया घास का गट्ठर

पेशावर के बाद अट्टहासों के विरुद्ध एक प्रलाप

बच्चे बस अपने माँ–बाप का दीन–धरम ढोते हैं
जाहिलो, वे हिंदू या मुसलमान नहीं होते हैं।

तोगड़ियों और इमामों के विरुद्ध मनुष्य का प्रलाप

ईश्वर नहीं है
—निन्दा नहीं, नकार
—निन्दा से बड़ा अपराध।

फिर कहूँगा—
ईश्वर नहीं है।
उसके अनुवाद भी नहीं हैं।

ऐसा कहते हुए
अपने संविधान में वास करता
मैं एक स्वतन्त्र मनुष्य हूँ।

ईश्वर नहीं है
मेरा संविधान है।

वह कुछ यों है अब—

मुरझा नहीं गये हैं मेरे हक़ों के फूल
कुछ मेरी ख़बर भी है मेरे संविधान को।

खेद का प्रलाप

मेरे ही रक्त में मौजूद थे कुछ शत्रु उसके
मेरे होने की रोशनी में छुपा था कुछ स्याह भी
उधर शायद रह-रहकर उठती मेरे हृदय की भभक का धुआँ था
एक ज़रूरी रोशनी के बीच जीते
काम करते
उस स्याह को
वक़्त रहते साफ़ करना मैं भूल गया था

अभी बेबस पोंछता हूँ हर दाग़
बाहर के त्यौहारों में भीतर का उजाला अनदेखा न रह जाए
उसी में तय होने हैं आगे के सफ़र

अब इतना भर यत्न मेरा कि पहले भीतर के उजाले में चलूँ
फिर कहीं बाहर दिखूँ

आप चाहें तो इसे नये साल का संकल्प मान सकते हैं
और किसी भी चमक-दमक वाले बाहरी त्यौहार में शामिल न हों पर
मेरा अग्रिम खेदज्ञापन भी।

भवाली की ठंड का प्रलाप

सर्दियों की इन रातों में ठिठुरते नहीं, सुकून के साथ डूबते-से हैं
ये पहाड़।

कहीं कुछ लोग ठिठुरते हैं कि पहनने को पर्याप्त ऊन नहीं उनके पास
वंचितों के घर ठिठुरते हैं
कि चीड़ की टहनियों से रात उलाँघ जाने लायक़ कोयले नहीं बनते
—वे अपने सग्गड़ों की राख में बची-खुची आँच कुरेदते हैं।

ठंड के मारे नेपाली कच्ची के नशे में ज़ोर की आवाज़ में गाते हैं गीत
कुछ लोग हीटर के पास बैठे कोस लेते हैं उन्हें
बिना उस नशे को जाने
जो दरअसल कच्ची का नहीं
चढ़ती ठंड और उतरती शराब के बीच मुलुक के याद आने आने का है
और हर प्रवासी पुरुष के मुलुक में
कुछ स्त्रियाँ बसती हैं
—अलग-अलग रिश्तों के नाम से।

मैं ये कुछ संवेदना के शब्द लिखता हूँ, यह जानते हुए
कि इनमें आभा नहीं
आभास भर है
—इस जानने के बीच लेटे हुए एक गर्म बिछौने पर
शरीर तो नहीं
पर मेरी आत्मा अकसर ठिठुरती है इन दिनों।

इस ठिठुरन में कितनी तो शर्म है
पर वह भी इस समकालीन जीवन में एक जाती हुई चीज़ है
यह जानना भी कुछ जानना ही है कि शर्म सिर्फ़ शरीरों में निवास नहीं करती
वह प्रवासी पक्षी है
—उसे रहने को जीवन से भरे ज़्यादा गर्म इलाके चाहिए।

बीमार आँखों का प्रलाप

आँखें बीमार लगती थीं पर उनमें सुन्दर दृश्य थे
उन आँखों में
विलोमों के सम्बन्ध का एक विलोम था
स्थायी

उनमें पानी था
वह हृदय की आग को बुझाता नहीं, बचाता था

वो लाल रहीं सदा
हमेशा क्रोध में नहीं प्रसन्नता में भी
अकसर एक विचार में
निखरता रहा उनका रंग
यों लोग उनमें मनुष्यता के उत्सव को
संक्रमण समझते रहे

सूज जाते थे कभी उनके पपोटे मुर्दा स्वप्नों के भार से
वो उन्हें भी अपना जल पिलातीं
जिलाती थीं
जीवित चलते दिखते हैं वे स्वप्न जीवन में
तो आँखें उनसे
कोई आभार नहीं माँगतीं

बोझिल दीखती हुई-सी वे दरअसल अभार हैं
हल्की हवाओं-सी

कई आँखों के बीच वो आँखें बुझती-सी लगें तो समझ लेना
यह बिखरती चिनगियों की सँभाल भर है

एक दिन अचानक वो होंगी साफ़ सफ़ेद चमकदार
पुतली काली कुछ ज़्यादा
उनके नीचे उम्र भर की स्याही भी
उस दिन नहीं होगी

वहाँ एक अन्तिम आभा होगी
उसे प्रकाश मत समझ लेना।

गाँधीवादी प्रलाप

गाँधी पहली बार मरे तो मैं नहीं था
पिता थे 2 वर्ष के

गाँधी दूसरी बार मरे तो मैं नहीं था
इतिहास के तथ्य कहते हैं गाँधी नहीं नेहरू मरे थे
मैं समझता हूँ गाँधी मरे थे
तब पिता थे 18 बरस के

गाँधी तीसरी बार मरे तो पिता थे 29 बरस के
मैं भी था 2 बरस का

नेहरू की बेटी के दामन पर थे गाढ़े जमे हुए रक्त के
स्याह पड़ते धब्बे

फिर गाँधी चौथी बार मरे पाँचवीं बार मरे...

जवान होते-होते गाँधी से असहमत होता गया मैं
पर उनकी हत्या(एँ) उनसे सहमति की जगह पर ले जाकर खड़ा कर देती मुझे
एक आदमी को बार-बार मारने की ज़रूरत बची थी
कि उस आदमी के होने न होने में कुछ ताक़त बची थी

गाँधी छठवीं सातवीं आठवीं नौवीं दसवीं...न जाने कितनी बार मरे
मरते रहे

साबरमती मरा
गुजरात मरा
आज देश हिचकियाँ लेता है

घुटी-घुटी आवाज़ आती हैं साँसों की
मेरी कनपटियों के पास हर पल एक गोली चलती है
आँखों से रक्त रिसता है

अब गाँधी रोज़ मरते हैं
और मैं उस उम्र में नहीं
कि एक-एक दिन का हिसाब रख सकूँ

पिता हैं अब 70 बरस के।

इच्छाशक्ति का प्रलाप

मेरी इच्छाशक्ति आकाश नहीं है
धरती पाताल नहीं है
न पेड़ है न पहाड़
नदी–समन्दर तो हरगिज़ नहीं

कई वर्षों के साथ से जाना मैंने
मेरी इच्छाशक्ति
एक पुरानी भीत है

हाँ, वही,
छिपकलियों की गश्त वाली
उसकी दरारों में छुपे मकोड़े
वह मौसमों की सतायी
नोनियायी

हाँ, पर वही,
मार खा रोयी नहीं वाली

वह उतनी ही है मुझमें
जितनी होनी चाहिए मनुष्यता
मनुष्य–देह में
कहते हैं उसके बल पर मैं जीवित हूँ

मेरे रक्त में जब मकड़ियाँ चलती हैं
रेंगती हैं चींटियाँ
शिकार करती हैं छिपकलियाँ
चूहे जब कुलबुलाने लगते हैं मेरे अन्तस को निर्ममता से खोदते

तलाशते आर-पार हो जाने का रास्ता
मैं उसी पुरानी भीत से पीठ टिका देता हूँ

मेरी साँसें बहुत धीमी चलती हैं
दिखाई कम देता है सुनाई ज़्यादा
जब दिमाग़ भटकता है पथ पर बहुत आगे
बहुत पीछे हृदय
भयंकर धुकधुकाता है

ऐसे किसी पल में यह मनुष्य अपना दुःख कहना तो चाहता है
पर अहंकारी
किसी से कुछ कह नहीं पाता है

मेरे लिये हरदम प्यार और घृणा से भरे शुभेच्छुओ
वह जिये जा रहे जीवन के भीतर
मेरा मनुष्यवत थक जाना भर होता है
जिसे आप
विश्राम समझ लेते हैं।

तड़पते भूलोक पर एक शान्त खगोलीय प्रलाप

मैं एक मरता हुआ तारा हूँ
उम्र 41 खरब साल
धीरे-धीरे बुझ रही रोशनी मेरी
कम हो रही आग

दिखता भी नहीं आकाश में नंगी आँखों से
खोज लेती कभी कोई दूरबीन
वरना तो खोज के नाम पर ज़माना अब ख़ुर्दबीनों का है

इस मृत्यु से पहले
बाक़ी हैं अभी अनगिन विकिरण
फैलते दूर-दूर तक
आकाशगंगाओं की व्यवस्था में कुछ व्यवधान
मेरी वजह से है
अन्तिम विलाप से पहले कुछ प्रलाप अभी बाक़ी हैं
मेरा ग्रहमंडल ठिठका हुआ-सा है
भौतिकी के नियम उसे सुधार लेंगे पर याद रखी जाएगी
वह ठिठक

मुझमें वांछित शीत का होना
और मेरा स्याह विवर बन जाना अभी दूर है
कुछ और खरब वर्ष दूर

ब्रह्मांड के किसी सुदूर अलक्षित कोने पर बन रहा है नया कैलेंडर
कुछ परग्रही उसकी गणना मिला रहे हैं
एक खरब वर्ष को 12 महीनों में बदलते हुए

सावधान...
काल अब अपने सूक्ष्मतम अवधान पर है

कृपया आप कैलेंडरों के अनुसार चलें
अफ़सोस कदापि न करें

बुझते तारों के हिसाब
कविता में अकसर अलिखे ही छूट जाते हैं

वे रोज़ के क्षुद्र उल्कापात भर होते हैं
और लोग समझते हैं तारे टूट जाते हैं।

प्रेम के प्रलाप

1.

घास अब भी हिलती होगी
शीतल मन्द झकोरों में
पहाड़ की उस ढलान पर
वर्षों पहले
जिस पर नीचे से चलता मैं
दरअसल
रोज़ एक चढ़ाई चढ़ता था

ठीक इसी तरह
इन दिनों
किसी की स्मृतियों में मेरा ढलान पर होना
मेरे लिये
रोज़ एक कठिन चढ़ाई में बदलता है

जीवन में अब वह घास नहीं
आषाढ़ के अन्त पर तेज़ धूप में सूखते हुए मिलते रहे
उसके कंकाल
बरस–दर–बरस

मैं निर्लज्ज
चढ़ाता रहा अपनी अस्थियों पर मांस।

2.

ये जो आजकल बरसते हैं बादल धार-धार
सिर पर हमारे
दरकते हैं घर धँसते हैं रास्ते
ये तपते हैं दिनभर अपनी ऊपरी परतों में
सूर्य के विकट ताप से
बिना ताप के भी भला कोई बरसता है

—इन काव्याभासित शब्दों के साथ विदा कर रहा हूँ खुद को
मुझे कहीं चले जाना है
बार-बार घर लौटते हुए
यह चले जाना चलता रहता है

पहुँच जाऊँगा
तो आएगी पहुँचने की खबर
घर लौटने पर
बताएगा परिवार तुम पहुँच गये हो

पूछेगा
सुनो
वापिस कब आओगे?

3.

सुनो लुहार भी गाते हैं
भारी हथौड़े के नीचे जो गाती है तपकर लाल हुई धातु
उसे सुनते हुए
उसी के साथ लुहार भी गाते हैं

मैं पच्चीस वर्ष दूर हूँ अपने गाँव से
पच्चीस वर्ष पहले बनते देखी थी दराँती
पहले प्रेम-सी चमकती उसकी धार
लुहार ने जो गाया था गढ़वाली गीत

वह एक लड़की के बारे में था

उस दराँती के साथ मैं वह तेज़धार गीत भी लाया था
पच्चीस वर्ष बाद गाता हूँ उसे
लेकिन टूट चुकी उसकी धार
जिसे चढ़ाने फिर उसी लुहार के पास जाना है

सुनते हैं
वह रहता है अभी और दस-बीस-पच्चीस बरस पार।

भाषा-प्रलाप

संस्कृत ने देवताओं को जन्म दिया
बुद्ध संस्कृत में जन्म लेकर भी पालि में भटक आए
उन्हें वापस नहीं ले जाया जा सका
एक महाभिनिष्क्रमण भाषा के इलाक़े में भी था
अदेखा रहा आया

बोलियों ने साहित्य बचाया
और बचायी मनुष्यता

एक भाषा थी
जिससे उर्दू और हिन्दी पैदा हुईं
जुड़वाँ बेटियाँ

एक दफ़न होने को है लिपि के हिजाब में

दूसरी के हुए इतने भतार
कि अब तक होती जा रहीं
उसकी सन्तानें
एक से बढ़कर एक
झूटी
लबार।

अतीत की प्रतीति का प्रलाप

पिछले साल मैं ग्यारहवीं में पढ़ने लगा था
और वो आठवीं में
उसने उपहार में समोसे माँगे थे हरी चटपटी चटनी के साथ

और मुझे दिया था एक नया सूती रूमाल

वह मेरे साथ-साथ रेल से भी प्यार करने लगी थी
चमचमाती पटरियाँ और उन पर से गुज़रती रेल उसे रोमांचित करती थीं
मैं किसी स्टेशन पर
किसी रेल से उतरता था
वो किसी स्टेशन पर किसी रेल में चढ़ती थी

पिछले साल ग्यारहवीं में पढ़ते हुए मैंने खुद को पहाड़ी तेंदुआ महसूस किया था

पिछले साल मैं खुद पर और अपने आसपास पर ज़ोर से गुर्राया था
पिछले साल आठवीं में पढ़ते हुए उसने मेरी पीठ को प्यार से सहलाया था पिछले साल मैं वन में था
पिछले साल वो बताती थी मैं उसके मन में था

चालीस से तुरत पहले की उम्र में पन्द्रह-अट्ठारह बरस की दो उम्रें निकल आती थीं
वो अपनी उम्र में से दो उम्रें निकाल लेती थी
मैं अपनी उम्र से दो उम्रें निकाल लेता था

हमारी आसन्न प्रौढ़ता दुबारा किशोर होने की
एक आत्मीय और प्रसन्न उम्मीद को जन्म देती थी
हमारी स्मृति और कल्पना उर्वर थीं

ग्यारहवीं में पढ़ने लगना अजीब नहीं था आठवीं में पढ़ने लगना
अजीब नहीं था

एक दिन ग्यारहवीं में पढ़ते हुए मैंने उसे एक रेल में बिठाया
एक दिन आठवीं में पढ़ते हुए वह एक रेल में बैठी
प्लेटफॉर्म पर मैं खड़ा रहा रेल में वह चली गयी

मैंने उन्तालीस की उम्र में सोचा
कि प्रेम कुछ भी हो कद्दू की बेल नहीं हो सकता जिस पर फूल भले सुन्दर, पीले
और नाजुक खिलें फल लेकिन कद्दू ही लगता है

वह चली गयी
उसका चले जाना जारी रहा
बहुत दूर नहीं गयी पर चले जाते रहने से अन्तराल बढ़ गया
उसे भूगोल में दूर नहीं जाना था
समय में जाना था

जहाँ से वह गयी समय का वह सिरा उसने दाँत से काट दिया जैसे कभी बटन
लगाने के बाद काटा था धागा
और धागे की वह रील मुझे फिर कभी नहीं मिली।

आत्महत्या का प्रलाप
(रोहित वेमुला के लिये)

वो मरा नहीं, वे उसे खा गये
जनता का दिल मगर नहीं पसीजता

जब भी गर्वभरे उन्मादित चेहरे मँडराते दीखते हैं
यहाँ–वहाँ,
उनका परिभाषित राष्ट्र है जहाँ–जहाँ

लोग नहीं जानते सफ़ेद या धूसर कैसे भी कबूतरों का दौर
खत्म होने को है अब
खा जाने को उन्हें मँडरा रहे सर पे
चील और गिद्ध

हम लोकतन्त्र के जोगड़े अभागे,
वो राष्ट्रवाद के सिद्ध ।

हिन्दी कविता में अपने मुहावरे का प्रलाप

मैंने पा लिया था अपना मुहावरा
फिर खो दिया
खो जाने दिया

कभी-कभी टीसती है
समकालीन इस कविता के कंधे पर धरे शव-सी
उसकी याद।

गँवई प्रलाप

एक जगह छिन गयी
छिन गया एक मकान
मैं घर नहीं कहता क्योंकि उसे तो बटोरकर मैं दूसरी जगह
दूसरे मकान में ले आया हूँ

एक रस्ता छिन गया
गन्तव्य छीन पाना मुमकिन नहीं किसी के लिये
उस तक मैं अब दूसरे रास्ते से जाता हूँ

अलगाव हुआ नहीं लगाव बना रहा
टूटी देह
टूटी नहीं संरचना जो कहाती थी मन
उसमें जो धीरज था नहीं टूटा

क्रोध के शिल्प को बचाया मैंने
बुआई से पहले खेत में अकेले ढेले फोड़ते किसान की तरह किया प्रलाप

मेरा कुछ छीन लिया
मुझे छीना नहीं जा सका
मैं बना रहा अपने जैसे लाखों जनों की तरह
जीवन में
नहीं छीने जा सके भभकते हृदय हमारे
वे जलते हैं अब भी

हम सब चलते हैं अब भी
अनथक ये पाँव हमारे मामूली मनुष्यों के पाँव हैं

हम जो बाहर मान लिये गये हैं
दुनिया दरअसल
हमारा ही गाँव है।

विधवा-प्रलाप

काहे मार रँडरोवन मचाये हौ—झिड़का एक मरदुए ने
प्रसंग रेल के डिब्बे में एक जुआरी का दूसरे जुआरी से हार जाने का था

हारनेवाला दुबारा पत्ते लेने को तैयार नहीं था
जीतनेवाला और जीतना चाहता था
दो मरदों के बीच की बात में मुहावरेदार भाषा की मार
स्त्री पर थी

अभी जारी रहना था जुआ जो धार्मिक संस्कारों ने मनुष्यता के साथ खेला था
एक ओर प्रलाप था मेरा कि एम्मे विधवा कहाँ से आयी बे
दूसरी तरफ मरदों की पूरी दुनिया थी जिसे हजारों साल में न जाने कितनी विधवाओं ने
न जाने कितनी बार अपने विलापों में झेला था।

एक प्रलाप विकट व्यापता समूचे लोक में

राँड तो रँडापा निभा ले जाए रँडुए निभाने तो दें—अजब समाज है

इस भाषा और इन मुहावरों में
विचरने और विचार करनेवाला अजब लोक हमारा

मेरा संकट ये
कि जिसे समाजशास्त्र या साहित्यालोचना में कहा जाना चाहिए
उस बात को कविता में कैसे कहूँ?

एक ही बार
धमाके के साथ उड़ा लूँ खुद को
या धीरे-धीरे चुपचाप ढहूँ?

हरकू का प्रलाप

मेरा बेटा एक पिल्ला ले आया है
जिसका नाम मैंने अनायास ही रख दिया हरकू
खाने के बाद क्रोध में भौंकता है अपने कटोरे को

सब खाना कटोरे ने खा लिया समझता हुआ वह हास्यास्पद लगता है

अपने दो महीने के जीवन में ही पा लिया उसने भेद
कि कटोरा ही खा जाता है खाने को
मनुष्यों के मुहावरे में इसे बाड़ ही खेती खा गयी कहते हैं

मैं पढ़ता हूँ खबर अखबार में
केवल 62 लोगों का क़ब्ज़ा है दुनिया की कुछ पूँजी के आधे से भी ज़्यादा हिस्से पर
वे
गरीब मुल्कों के राजा हैं और तेल निकालनेवाले शेख़ हैं
व्यापारी हैं और उद्योगपति हैं
कम्पनियों के सीईओ-एमडी हैं और खदानों के मालिक
वे विकट बहुराष्ट्रीय हैं विकट साम्राज्यवादपरस्त

नयी दुनिया में
मनुष्यों के सपनों, इच्छाओं और थोड़े कुछ लोभ की खेती करते
उन्होंने खुद को बाड़ बना लिया है और खाने का कटोरा
हरकू उन पर भौंक रहा है

रातभर के भूखे लोग गर्व के साथ पढ़ते हैं सुबह में
उधार की चाय पीते
उनमें से 4 भारतीय हैं
इधर हरकू है कि भौंकता ही जाता है

कटोरा भौंकने का नहीं राष्ट्रवादी गर्व का विषय है
उसके अल्पविकसित पशु-दिमाग़ में
किसी तरह बैठ नहीं पाता है।

ढलने का प्रलाप

मृतकों के संग मैं कुछ दूर गया
अग्नि के समीप वे कुछ बुदबुदाये
गाढ़े धुएँ में बँद आँखें सिर्फ़ उनकी नहीं थीं मेरी भी थीं

मैं कुछ दूर उनके साथ गया
वे कुछ दूर जीवन में मेरे साथ आये थे

साथ कितना भी दिया जाये और दिये जाने की
ज़रूरत होती है
लौटते हुए सोचा मैंने हर बार
यह थोड़ा ही साथ था

हम साथ ही ढहे थे
दाह में हम साथ ही दहे भी थे
दाह के निशान उन पर नहीं
हमेशा मुझ पर छूटे

कुछ राख बची उधर
अस्थिपुष्प खोजते रहे परिजन उसमें
टटोल-टटोल

मेरे हृदय में कुछ टटोलने को
बढ़ते हैं मेरे भी हाथ

पर वहाँ अस्थियों के अंश नहीं
या तो अँगारे हैं अब तक दहकते हुए
या रिश्तों के चन्द जीवाश्म

मैं जीवित रहा आया हूँ अब तक
कल एक कूप होगा मेरे हृदयतल में
जीवाश्म ईंधन की तरह तलछट होगी
गन्दगी हटा लोगे तो स्रोत मिलेगा ऊर्जा का
अक्षय तो नहीं होगा
पर कुछ देर रोशनी की जा सकेगी

हर रोशनी कुछ देर ही साथ रहती है
बुझते हुए बुदबुदाती है
अग्नि के समीप मृतकों की तरह

कुछ देर उस बुदबुदाहट के साथ चलना
मैं ज़्यादा नहीं जल सकूँगा रोशनी के लिये
खुद जलना

कभी याद मत करना
कि खूब खुली आँखों तुमने देखा था
मेरा ढलना।

मोक्ष का प्रलाप

एक रिश्ता छटपटाता है
तो दूसरे और रिश्ते छटपटाते हैं उसके साथ

सतत छटपटाहटों का सिलसिला है जीवन
जो छटपटा नहीं रहा
उसे प्रेम का चुका हुआ संस्मरण समझ लो

वही शास्त्रों में वर्णित मोक्ष है
जब वह हो रहता है
जीवन नहीं रहता।

सुनने का घरेलू प्रलाप

सुन प्यारी
यह जो बरस रहा पानी
पहली वर्षा का
इसमें सिर्फ हर्ष नहीं
रासायनिक तत्व भी हैं घुले हुए

हमने अपने लाड़ले को इसीलिये भीगने से बरजा है

सुन
यह जो ढुलक रहा पानी
आँखों से
इसमें नमक है
साथ-साथ बहता हुआ

सुन
मुझे भय है बह जाएगा सब नमक आत्मा का
दुःख यह मीठा हो जाएगा

एक दिन चींटियाँ लगेंगी इस पर
उठा ले जाएगी शव की तरह
हृदय की परतों में कहीं छुपाएँगी
वहाँ उनके अंडे हैं
कुलबुला रहे लार्वा अनगिन

यह घटनाक्रम किसी
कार्डियोग्राम में नहीं आएगा

इस शव हो चुके दु:ख को लेकर तेरा ये साथी
अस्पताल भी नहीं जाएगा
अपने कानों की देखभाल करना प्यारी
उन्हें सब कुछ सुनने के क़ाबिल बनाना

सुन
मुझे सुनाई दे रहा चींटियों का बोलना
तुझे दे रहा क्या

कुछ क़ाबिलियत बहुत सारी क्षुद्रता में रहने से ही
आती है

सुन प्यारी।

प्रश्नपत्र का प्रलाप

मैं क्या पूछूँ क्या नहीं
सरल रहूँ कि कठिन

मुझे बना रहा बनानेवाला
जो मूर्ख है अति

गर्वोन्मत्त इस आशा में
कि बनने के बाद मुझे
उससे भी मूर्ख लोगों में जाना है।

कबाड़ का प्रलाप
(वीरेन 'दा के आलाप से मिलती एक विलम्बित आवाज़)

कबाड़ में दिये गये कनस्तर में भी
आवाज़ होती है
पर नये चमचमाते हवाबन्द कनस्तर की-सी
साफ़ नहीं

कुछ पत्तरों की खरखराती-सी आवाज़

ऐसी ही पुराने प्लास्टिक की आवाज़
अखबारों के फड़फड़ाने की आवाज़
ओजहीन

ये सब आवाज़ें कबाड़ी की आवाज़ों में
बुलन्द समाहित हैं
किसी बहुत बड़े कबाड़ के ढेर-सी भहराकर
टूट जाने-सी
रह-रहकर बेधती कानों को

कहती बेच डालो को बेड्डालो
पेपर को पेपोर
प्लास्टिक को पिलाट्टिक
लोहे को लोया

तुम्हारे बाद
अब मैं वही कबाड़ी हूँ कुछ नहीं बेचता
केवल खरीदता हुआ
नाम नहीं लेता तुम्हारा
बस कुछ विकल अबूझ आवाज़ों में कहता
अपने दिल का हाल।

सवेरे-सवेरे का प्रलाप

देश के इस शीतकाल में
मेरी सुबहों में धुन्ध होगी कि धूप
मुझे नहीं पता

मुझे उठ जाना है चल पड़ना है काम पर
यह मुझे पता है

मेरी सुबह मेरी नागरिकता है
वो रोज़-रोज़ होती रातों में ढल नहीं जाती है
अलबत्ता मैं रोज़ सो जाता हूँ

वो रोज़ मुझे जगाती है।

दागने का प्रलाप

वे कुछ भी दाग़ देते हैं
गोली
बारूद
तोप
मिसाइल
अणु–परमाणु–नाभिक बम

देह
और देह के साथ आत्मा भी दाग़ देते हैं
यह नॉर्थ कैरोलाइना निवासी अपने एक नौजवान
नातेदार से मिलकर जाना मैंने

पूछा उसने
यूनीवर्सिटी कितने का पैकेज देती है आपको

वह चेहरा
मुझे समझाता था अभी ट्रम्प कार्ड खेला ही कहाँ हमने
आपने सिर्फ बुश देखा है और ओबामा देखा है

वह दग्ध आत्मा
उसके पास लिंकन की स्मृतियाँ नहीं न मार्टिन की
बेशर्म हँसी थी
वाचाल वाणी थी

दुनियाभर में हो रही तबाही पर मखौल था
उसकी जेब में काग़ज़ थे
ढेर सारे
उन पर छपा हुआ था
जॉर्ज वाशिंगटन का
उदास चेहरा।

स्मृति-प्रलाप : एक
(शैलेश मटियानी)

जाने कितने लोगों का
कंठ लिये
तुम बोले
गूँजे
धिड़ धिगिड़ धिगिड़ धिड़ धूम ताम
जब-तब सुन पड़ती
बेबस जीवन की उतनी ही उत्कट
यह पुकार
हे जन के जीवन के
कथासार
तुम महाकाय
पर्वताकार
आज कुछ स्मृतियाँ बिलखती हैं
तुम्हारे द्वार
रोशनी-सा शव धरा हो
ज्यों तिमिर के गाँव-आँगन में
देखो आज भी तो
किसी ने दाह देने की जगह
अगिनी वरण की है
भाषा में तुम्हारी ही
शरण ली है।

स्मृति प्रलाप : दो
(राजेन्द्र यादव)

सादा भी था वो ख़लीफ़ा भी था
बाहुनर था मगर बसलीक़ा भी था

ज़िन्दगी तो मिली हर किसी को यहाँ
बिताते हैं सब पर वो जीता भी था

कितनी राहों को गुलज़ार करता रहा
तनहा था पर हर किसी का भी था

लज़्ज़तों में कभी जीभ कट जाती है
साथ उसके ये थोड़ा फ़ज़ीता भी था

चलते तीरों के आगे जिया उम्रभर
कोई ग़फ़लत नहीं ये तरीक़ा भी था

मरते दम तक कहीं उसके किरदार में
इक ठनक भी रही कुछ हठीला भी था।

स्मृति प्रलाप : तीन
(प्रो. बिपिन चन्द्रा)

अब खत्म हर इलाक़ा हर वास हो गया है
देश का भी क्या है नख़्ख़ास हो गया है

बुझते ही जा रहे हैं सारे चिराग़ घर के
इतिहास लिखनेवाला इतिहास हो गया है

कुछ लोग बच रहेंगे जो मर्सिया पढ़ेंगे
इस ज़लज़ले का हमको अहसास हो गया है

हर आदमी ने जैसे इक ताल साध ली है
सारा मुआशरा ही रक़्क़ास हो गया है

अब तो हमारा दिल भी सदमे में जी रहा है
वो दिन है जो मुअय्यन कुछ पास हो गया है।

स्मृति प्रलाप : चार

(बलराज पुरी)

था राज हिन्दुओं का अवाम मुसलमाँ थी
ये आज की नहीं हैं सदियों की दूरियाँ थीं

आबाद गुलसिताँ थे झीलों में कश्तियाँ थीं
इक दौर वो रहा है जब घाटियाँ जवाँ थीं

इतिहास हो गया है अब मौसम ए बहाराँ
किसको यक़ीन होगा जन्नत कभी यहाँ थी

मज़हब के मसअले तब काँटे नहीं बने थे
सबके दिलों में केवल कश्मीरियत निहाँ थी

हो चोटियों पे चाहे कितनी भी बर्फ़बारी
कैसी ही सर्दियाँ हों, रिश्तों में गर्मियाँ थीं

दहशत की दास्तानें कुछ साल में बनी हैं
ये सरज़मीं तो पहले सरताज ए दोजहाँ थी।

❑❑❑

णाणं

पयासयं

वीर नि.सं. 2470

ई. सन् 1944

भारतीय ज्ञानपीठ